AF243344

L 27
n

M. VIGER,

PREMIER PRÉSIDENT

DE LA COUR D'APPEL DE MONTPELLIER,

PAR

M. CALMÈTES,

PRÉSIDENT DE CHAMBRE A LA MÊME COUR,

MEMBRE DE LA LÉGION D'HONNEUR.

MONTPELLIER

JEAN MARTEL AINÉ, IMPRIMEUR DE LA COUR D'APPEL,

RUE CANABASSERIE 10, PRÈS LA PRÉFECTURE.

1852

M. VIGER. [1]

Celeriter antecellere omnibus
ingenii gloriâ contigit.
CICER. , pro Archiâ.

I. Le Magistrat dont nous nous proposons de reproduire l'austère physionomie, appartient à cette famille d'esprit éminents, de Magistrats d'élite, qui, dans les temps modernes, ont si glorieusement soutenu l'illustration des grands noms de l'ancienne Magistrature Parlementaire. M. VIGER a brillé aux premiers rangs de cette docte milice. Il ne rechercha point, toutefois, une bruyante

[1] Cette appréciation du mérite judiciaire de M. le Premier Président VIGER, est destinée à être placée en tête d'un recueil des arrêts notables de la Cour de Montpellier, dont la publication aura lieu très-incessamment.
(Note de l'éditeur.)

célébrité : la presse n'a jamais retenti de son nom, la science du Droit ne s'est point enrichie du pro-duit de ses veilles, et cependant à peine la Cour de cassation l'eut-elle reçu dans son sein, que sa parole y devint une autorité, comme ses rapports des modèles. — Placé à la tête de la Cour de Mont-pellier, de nouvelles et précieuses qualités se révé-lèrent en lui, et, nous pouvons le dire, sans crainte d'être démenti, il y fut un constant objet d'éton-nement et d'admiration. Le Barreau de Montpellier, appréciateur si compétent du véritable mérite judi-ciaire et qui ne le cède à aucun autre Barreau de France en éloquence et en érudition, se plaisait à s'incliner devant lui, et sa Compagnie, sans rien abdiquer de son indépendance, aimait à l'entourer de la déférence la plus respectueuse.

Lorsque la tempête révolutionnaire l'arracha de son siége, il grandit encore dans l'opinion publi-que ; son éloignement du Prétoire, où il avait *dis-pensé*, avec tant d'éclat, *la lumière et les influences des Lois* [1], ajouta au prestige de son talent : *præ-fulgebat eo ipso quòd non visebatur* [2] ; et lors-

[1] Patru, *Eloge de M. le Président de Bellièvre.*
[2] Tacite, *Annales.*

qu'enfin une mort prématurée vint l'enlever à la Cour dont il était l'ornement et l'orgueil, en présence de sa tombe qui s'entr'ouvrait, avant le temps, chacun rendit hommage à cette haute intelligence qui s'éteignait, et tous les partis, oubliant, un moment, leurs divisions funestes, firent cortége à son cercueil.

Nous essaierons de faire revivre dans ces courtes pages, que nous consacrons à la mémoire de M. Viger, cette grande figure judiciaire. Il est des exemples et des souvenirs qui devraient incessamment occuper notre pensée : ils entretiennent en nous une salutaire émulation ; ils excitent notre ardeur pour l'étude d'une science sans limites et dont l'existence la plus laborieusement remplie ne saurait embrasser l'horizon, qui s'étend et s'agrandit de jour en jour ; ils soutiennent, enfin, notre courage et notre résolution dans ces circonstances solennelles, où l'accomplissement de nos devoirs demande tant d'empire sur nous-mêmes, tant d'indépendance de caractère et quelquefois une si complète abnégation de nos intérêts les plus chers[1].

[1] *Firmare animum expedit constantibus exemplis.* (Tacite, *Annales.*)

La tâche que nous nous sommes imposée est difficile; nous parlerons d'un homme qui vivait, hier encore, au milieu de nous, et chacun pourrait accuser l'infidélité de l'esquisse que nous allons tracer, si nous altérions une ressemblance, que nous tenons, d'ailleurs, à reproduire dans toute sa vérité.

II. M. Viger naquit en 1792, à Sommières, dans le département du Gard.

Après avoir terminé, avec distinction, ses études classiques au collége de Nimes, il se rendit à Paris, pour y suivre les cours de la Faculté de Droit.

L'Empire touchait, alors, à son déclin ; l'Europe coalisée resserrait son cercle de fer autour de la grande Nation et de son Chef héroïque. La victoire commençait à se montrer infidèle à nos Aigles, et les chances de la guerre avaient, pour nous, leurs revers, comme leurs triomphes.

Le cœur de M. Viger suivait avec émotion les péripéties de ce drame gigantesque ; mais les pré-occupations ardentes de la politique ne purent le distraire des études qu'il avait entreprises.

Il ne connut pas non plus la folle dissipation de la jeunesse des Ecoles : sa vie était recueillie ; ses jours et ses longues veilles étaient consacrés au travail.

Le Droit Romain, la Législation intermédiaire, et les Codes immortels que NAPOLÉON marqua du sceau de son génie, furent tour-à-tour l'objet de ses patientes et laborieuses méditations.

Il jetait, ainsi, les fondements de cette instruction solide et profonde, qui surprit ses adversaires au Barreau, et dont nous l'avons vu, plus tard, répandre les trésors dans les délibérations de sa Compagnie.

A son retour à Nimes, après avoir obtenu son diplôme de licencié à la Faculté de Paris, il comprit que son éducation professionnelle était loin d'être terminée.

On n'acquiert point sur les bancs de l'Ecole, ou dans les études abstraites du cabinet, la connaissance de la procédure, de sa langue, de ses formes, de ses périls et de ses ressources. Ce n'est que dans la pratique des affaires, dans le dépouillement des dossiers, dans la direction des instances, que l'esprit s'initie à une science, dont les arides détails laisseraient à peine quelques traces dans le souvenir, si l'on se bornait à des notions purement spéculatives et sans application à des litiges déterminés.

M. VIGER ne fut point arrêté par les ennuis et les dégoûts qui l'attendaient dans cette voie nouvelle, et il consacra résolument les premières années de son noviciat, aux pénibles labeurs de la procédure, dans une étude de première instance.

Ce fut après avoir nourri son esprit de la théorie du Droit, après s'être familiarisé avec la pratique judiciaire, qu'à l'âge de 24 ans, il entra, armé de toutes pièces, dans une lice, où bientôt il ne compta plus ni supérieurs ni égaux.

Son début au Barreau fut un véritable triomphe. Il plaida, pour la première fois, dans une cause qui intéressait sa famille; il obtint un succès éclatant, et sa place fut, dès-lors, marquée au premier rang.

Et cependant les luttes de l'audience, la souplesse qu'elles exigent, les transactions qu'elles imposent, trop souvent, avec les principes absolus du Droit, semblaient peu convenir à la nature et aux habitudes de son esprit.

M. VIGER réunissait, en lui, tant et de si remar-

quables qualités , qu'il est permis de ne pas dissi-
muler celles qu'il ne possédait point. — Il n'était
pas né orateur : cette merveilleuse faculté de
l'esprit qui se manifeste par une parole abondante ,
facile et toujours prête , — tour-à-tour simple ou
élevée , — calme et grave , ou véhémente et passionnée , — riche en images et en mouvements , ou
sans autre ornement que la clarté et l'élégance d'un
style toujours correct ,—cette faculté si rare , même
à une époque où tant de Tribunes furent ouvertes
à l'art oratoire , manquait , à un certain degré , à
M. Viger ; mais ce qui caractérisait toujours ses
plaidoiries , c'était une discussion lumineuse , une
dialectique puissante , une connaissance profonde
du Droit , et une admirable entente des affaires.

III. La Révolution de 1830 trouva M. Viger
dans cette éminente position.

Il n'avait point désiré la chute de la Branche
aînée des Bourbons , mais il accueillit avec sym-
pathie la Révolution qui venait d'éclater ; elle assu-
rait le triomphe des idées libérales auxquelles il
était dévoué , et portait au pouvoir un Prince qui
en était la personnification la plus élevée.

Une haute amitié attira sur lui l'attention du Gouvernement naissant, et l'ordonnance royale qui l'appelait à remplir les fonctions de Procureur-général près la Cour Royale de Nîmes, vint le surprendre au sein des travaux d'une profession qu'il avait exercée avec une si incontestable supériorité.

La réputation exceptionnelle que M. VIGER s'était si rapidement acquise, dans un barreau où brillaient d'autres talents de premier ordre, justifiait le choix du Pouvoir, et l'opinion publique applaudit à son élévation, qu'il n'avait, d'ailleurs, ni sollicitée ni désirée.

Les fonctions actives et militantes du Parquet, en l'arrachant à la retraite dans laquelle sa vie avait été jusque-là renfermée, le jetèrent subitement dans la sphère tourmentée de la politique, qui paraissait si peu en harmonie avec ses tendances formalistes et son caractère réservé.

Toutefois l'autorité qui s'attachait à son nom, son esprit conciliant et sa constante modération exercèrent une heureuse influence, sur une population ardente, toujours prête pour la lutte, et dont les dissentiments politiques et l'antagonisme religieux ont, trop souvent, ensanglanté le sol de cette cité célèbre, où le génie turbulent de l'ancienne Rome semble 'survivre encore avec ses monuments.

Au milieu des agitations inséparables des grands évènements qui venaient de s'accomplir, M. VIGER sut conserver son calme et son impartialité; il demeura maître de lui-même, et les périls personnels auxquels il fut exposé ne purent l'entraîner à des mesures violentes, que repoussait son cœur enclin à l'indulgence et ennemi de tout excès. Aussi son administration n'a-t-elle laissé dans le ressort de la Cour de Nimes que des souvenirs honorables [1], qu'attestent encore, avec reconnaissance, les Magistrats dont il défendit chaleureusement la position menacée par de hautes influences parlementaires, ou par les intrigues de cette médiocrité ambitieuse et jalouse, qui ne combat ses concurrents qu'avec l'arme de la calomnie, et semble ne rechercher les emplois élevés, que pour les avilir, par son insuffisance, après les avoir obtenus.

[1] Discours prononcé par M. l'Avocat-général Claparède, à l'audience de rentrée de la Cour de Montpellier du 11 novembre 1837.

La récompense des services rendus par M. Viger ne se fit pas attendre, et, en 1834, il fut appelé à remplir les importantes fonctions d'Avocat-général à la Cour de cassation. — Il ne se montra point inférieur à la tâche si difficile qui venait de lui être confiée ; là, brillèrent sous un nouveau jour, et sa science de jurisconsulte, et la dialectique nerveuse de sa discussion.

Les hautes et sereines régions de la Cour Suprême convenaient mieux à sa gravité habituelle et à l'inflexibilité de son esprit, que les luttes passionnées et les surprises du barreau.

Ce ne fut, toutefois, que lorsqu'il s'assit, enfin, sur l'un des siéges inamovibles de la Cour de cassation, que se révélèrent, avec toute leur puissance, les éminentes qualités qui le placèrent si haut dans l'opinion de la Magistrature et du Barreau, et dans l'estime de ses Collègues.

La Cour de cassation gardera long-temps le souvenir de ses savants et lumineux rapports, qui souvent fixèrent le sens de la Loi jusque-là méconnu ou incertain, et mirent un terme aux fluctuations de la Jurisprudence et aux dissidences de la doctrine.

IV. En 1837, M. Viger reporta une pensée amie vers les contrées qui l'avaient vu naître, vers ce beau ciel du Midi que l'on ne quitte jamais sans regret, que l'on retrouve toujours avec bonheur. Il demanda alors, et il obtint le siége de Premier Président à la Cour Royale de Montpellier, qu'une mort récente venait de laisser vacant. — Deux Magistrats, également célèbres, l'avaient occupé, avant lui ; M. de Trinquelague, son prédécesseur, et M. le Premier Président Duveyrier.

Les destinées si diverses, d'ailleurs, de ces trois Magistrats, présentent des rapprochements singuliers dont la pensée est involontairement frappée. — Comme M. de Trinquelague, M. Viger était né dans le département du Gard ; — l'un et l'autre, avec des titres et des mérites différents, siégèrent, à vingt ans d'intervalle, au Parquet de la Cour de Nimes ; — la Révolution qui rendit le trône à la Branche aînée des Bourbons, éleva M. de Trinquelague aux fonctions de Procureur-général ; la Révolution qui brisa le sceptre de Charles X, revêtit M. Viger de ces mêmes fonctions ; — enfin, après avoir pris place, l'un et l'autre, dans les rangs de la Cour Suprême, ils ambitionnèrent le siége que déjà avait illustré, avant eux, M. le Premier Président Duveyrier.

M. Duveyrier appartenait par sa jeunesse à la fin du dernier siècle. Ainsi que M. Viger, il dut son illustration première au barreau.

En 1786, à peine âgé de 33 ans, nous le voyons publier un mémoire remarquable par l'originalité de la forme, l'élégante simplicité du style, la vivacité railleuse de la discussion, sur l'un des épisodes de ce procès étrange qui, sous le nom d'*affaire du collier*, obtint un si déplorable retentissement, et dont l'opinion publique, égarée par l'esprit d'opposition et de dénigrement envers la Cour, s'efforça de faire rejaillir la honte et le scandale jusque sur le trône.

Deux années plus tard, il eut la gloire d'être associé au célèbre BERGASSE dans la défense de l'affaire Kornman. En présence de si redoutables adversaires, l'étoile de Baumarchais sembla pâlir, et si, malgré l'éloquence élevée de Bergasse et la verve passionnée de Duveyrier, le Parlement donna gain de cause à l'auteur du *Barbier de Séville,* du moins, cette fois, les applaudissements de la foule ne vinrent pas rehausser l'éclat de son triomphe.

M. Duveyrier et M. Viger, le premier comme Tribun, le second comme Membre de la Chambre des Députés, durant le dernier règne, prirent part à l'œuvre législative; — et l'un et l'autre ont eu la douleur de voir le principe de l'inamovibilité de la Magistrature violé en leur personne.

M. Duveyrier, qui, à peine échappé des prisons de l'Abbaye, avait offert l'appui de sa parole et de son dévouement à Louis XVI accusé devant la Convention, fut arraché à ses fonctions par la Réaction de 1815. — M. Viger, élevé au pouvoir par une Révolution libérale dont le souvenir lui demeura toujours cher, fut violemment expulsé du Prétoire, en 1848, par la Démocratie victorieuse.

Ainsi, l'égarement des esprits et l'aveuglement des passions politiques, sous l'influence des principes les plus opposés, peuvent entraîner à des excès que l'on doit également déplorer.

Comme M. Duveyrier en 1808, M. Viger trouva, en 1837, les rôles de la Cour dans une situation regrettable; comme son devancier, il entreprit de combler un arriéré qui s'accroissait d'année en année, et ils eurent, l'un et l'autre, la gloire d'y parvenir.

Secondé par le zèle de sa Compagnie, que son exemple soutenait au milieu de ses rudes travaux, après trois années d'incessants efforts, M. Viger mit, enfin, les rôles à jour.

Il faut l'avoir vu durant les premières années de son exercice, pendant ce temps de lutte opiniâtre, nous dirions presque d'héroïques labeurs, pour apprécier les ressources infinies de son intelligence, sa science inépuisable et son infatigable ardeur.

Ce que l'on remarquait surtout en M. Viger, ce qui formait le trait saillant de son caractère, c'était un profond sentiment du Droit, de la Justice absolue. Semblable à ces organisations d'élite, que frappe et blesse la plus légère dissonance au milieu d'un ensemble d'harmonieux accords, l'on voyait l'impassible physionomie de M. Viger trahir une soudaine émotion, lorsqu'une proposition équivoque, ou contraire au Droit, venait à trouver place dans la bouche de l'orateur qui parlait devant lui. Ce mouvement, imperceptible à beaucoup de regards et à l'instant réprimé, avait une signification certaine : on pouvait y lire la condamnation anticipée de l'erreur qui osait, ainsi, se produire audacieusement à la face de la Justice.

Nul ne saisissait, avec une plus étonnante facilité que M. Viger, les minutieux détails des causes les plus compliquées. — Cette merveilleuse aptitude se manifestait, surtout, lorsqu'à la première Chambre de la Cour retentissait un de ces procès que le dernier siècle avait vus naître, et qui, soigneusement entretenus à travers les transformations successives des mœurs et des Lois, des juridictions et des Gouvernements, arrivent quelquefois encore jusqu'à nous, avec un monstrueux cortége d'actes et de faits, de procédures et de questions se rattachant au Droit Romain, aux Ordonnances-Royaux, à la Législation intermédiaire, au Droit nouveau, ou même aux Constitutions de Catalogne, qui régissaient, avant la promulgation des Codes de l'Empire, la province du Roussillon comprise dans le ressort de la Cour. — On le voyait alors recueillir exceptionnellement, durant les débats de l'audience, des notes étranges, hiéroglyphes véritables, dont les caractères, muets pour tous, n'avaient un sens déterminé et une valeur précise que pour lui seul ; mais qu'il interrogeait à peine, en prenant, à son tour, la parole dans les délibérations de la Compagnie.

De même que Pothier, lorsqu'il présidait le célèbre Présidial d'Orléans, M. Viger attachait une haute importance à la prompte expédition des affaires ; toutefois, si, comme Pothier, il saisissait les procès *du premier mot*, il ne l'imitait point dans les manifestations d'impatience que se permettait, à l'audience même, le savant ordonnateur des Pandectes. « Pothier, a dit M. Letrosne, son » ami et son panégyriste, ne pouvait s'empêcher » d'approuver ou d'improuver, par des marques » extérieures, et souvent l'on savait son avis avant » qu'on allât aux voix. »

M. Viger possédait, au contraire, cette vertu si nécessaire au Magistrat, la patience, qui, suivant la belle expression de Pline-le-Jeune, est une grande part de la Justice : *quæ magna pars est Justitiæ.*

Le plus souvent, dès que les faits étaient exposés, la cause se trouvait instruite pour lui : il devinait les moyens ; il suppléait ceux que l'inexpérience de l'avocat pouvait avoir omis ; il avait déjà jugé en lui-même, et cependant il écoutait encore. Il tenait, sans-doute, à une rapide expédition des

affaires ; mais il savait qu'une trop grande préci-
pitation , dans le jugement des procès, est plus
qu'une faute : *in judicando criminosa est celeritas*,
et il pensait avec Loysel que *qui veut bien juger
écoute partie*.

Mais lorsque, déjà fixé sur la cause que l'on
plaidait devant lui , il accordait encore à la parole
de l'avocat une bienveillante attention , on pouvait
remarquer que son regard avait perdu cette fixité
pénétrante, qui était chez lui l'indice certain d'une
attention sérieuse, et qui , plus d'une fois, troubla
les officiers du Parquet et les membres du Barreau
peu familiarisés avec sa physionomie sévère, im-
mobile et sur laquelle se reflétait la profonde intelligence du Magistrat.

V. Ce serait, au surplus, ne donner qu'une
idée bien imparfaite de M. le Premier Président
Viger, que de le représenter uniquement dans son
attitude officielle, à l'audience et sur son siége ; il
faut le suivre dans la Chambre du Conseil : c'est là
surtout qu'il était complètement lui-même.

Avec quelle clarté il résumait tous les incidents
et toutes les difficultés des débats les plus confus

et les plus compliqués! Comme il en embrassait, sans fatigue et sans effort, l'ensemble et les détails! Quel admirable talent d'exposition! Quel rare et étonnant esprit d'analyse! Avec quelle sûreté d'appréciation il savait élaguer de la discussion toutes les superfluités dont l'inhabileté, ou l'adresse de l'avocat l'avait embarrassée! Avec quel art les questions étaient posées! Comme avec lui tout devenait facile, même la solution des causes les plus graves ou les plus délicates!

Si quelque dissentiment venait à se manifester durant la délibération, il provoquait une discussion nouvelle. Sa parole, toujours bienveillante, s'animait alors: il combattait les opinions qui lui paraissaient erronées, et il ramenait, le plus souvent, tous les avis à son sentiment personnel, soit par la puissance de son argumentation, soit par la confiance qu'inspiraient son érudition éprouvée et la rectitude de son jugement.

La vivacité avec laquelle il soutenait quelquefois son opinion, dans les discussions familières, mais si fructueuses de la Chambre du Conseil, procédait toujours d'un ardent amour de la Justice et d'une conviction profonde. Sa probité judiciaire était si connue, que pas un plaideur n'aurait osé élever le plus léger soupçon sur son impartialité.

— Tous les justiciables comparaissaient devant lui, avec confiance, et heureux ou malheureux, vainqueurs ou vaincus, ils se retiraient, sinon satisfaits, du moins pénétrés de l'intégrité du Juge et de la loyauté de sa décision.

Le plaideur de mauvaise foi redoutait seul la présence de M. Viger, et cette crainte était le présage assuré d'une inévitable condamnation.

M. Viger avait un guide toujours sûr, — la Loi. Il était naturellement en défiance contre l'équité, qui n'est, le plus souvent, qu'une appréciation individuelle et arbitraire : *œquitas cerebrina*, suivant l'expression des Docteurs.

Il partageait, à cet égard, le sentiment des Magistrats et des Jurisconsultes les plus illustres. — Dumoulin [1], Lhopital, d'Argentré [2], Cujas,

---

[1] Dumoulin déplorait la liberté que l'on prenait, de son temps, de pervertir le droit, sous prétexte d'équité : *Juris pervertendi et à Legibus dispositione, prætextu apparentis cujusdam, sed imperfectæ et velut truncatæ, æquitatis, discedendi.*

[2] *Stulta videtur sapientia quæ Lege vult sapientior videri.* (D'Argentré.)

Larocheflavin, le Président Fabre [1], d'Aguesseau et bien d'autres encore, se sont tour-à-tour élevés, avec énergie, contre la funeste tendance de certains Magistrats, ou de certains Corps judiciaires, à éluder les prescriptions de la Loi pour suivre les inspirations d'une équité incertaine.

Le célèbre Chancelier Bâcon et Cujas, ce prince des Jurisconsultes, ont déterminé, avec autant de précision que de vérité, la part du Droit et celle de l'équité dans l'appréciation des différends judiciaires, et leurs préceptes devraient être acceptés comme une Loi par la Magistrature entière. — *Meminisse debent Judices*, a dit Bâcon, *esse muneris sui, jus dicere, non autem jus dare ; Leges inquam interpretari, non condere.* — **Et Cujas**, avec un sens plus pratique peut-être, avait déjà écrit ce double aphorisme : *In his quœ scripto palàm comprehensa sunt, etiamsi prœdura videantur, Judex à scripto recedere non potest ; — in his autem quœ palàm scripto comprehensa non sunt, Judex spectare debet œquitatem.*

---

[1] *Nihil periculosius dici potest et perniciosius, quàm si Judici cuilibet liceat œquitatem pro arbitrio sibi fingere et Legibus illudere, prœtextu hujus œquitatis, quam ideò non malè cerebrinam quidam vocant.* (Le Président Fabre.)

La Magistrature n'a jamais reçu en France le pouvoir de substituer l'équité selon le Juge, à l'équité selon le Législateur. — Rome donna autrefois cet exemple au monde, et par un respect étrange pour son vieux Droit civil [1], elle violait la Loi plutôt que d'en modifier les textes. — Telle fut la principale mission du Préteur, et le Droit auquel il donna son nom [2] eut essentiellement pour objet de suppléer au droit civil et d'en tempérer les rigueurs [3].

Le Droit civil ne fut pas même abrogé ou modifié, lorsque les édits des anciens Préteurs [4], mis en ordre par le Jurisconsulte Salvius Julien, furent élevés au rang de Lois générales de l'Empire, sous le nom d'*Edit perpétuel* [5].

Rome eut alors deux Législations distinctes,

---

[1] *Jus civile Romanorum, vel jus Quiritum* ou *Quiritium.*

[2] *Jus Prætorium, vel Honorarium.*

[3] *Adjuvandi, vel supplendi, vel corrigendi, juris civilis gratia* (Digeste). — Le Droit Prétorien *corrigeait* le Droit civil, soit en accordant à une personne ce qui, d'après le Droit civil, appartenait à une autre, — soit en donnant force et valeur à des actes absolument nuls d'après le Droit civil, — soit même en rescindant des actes que le Droit civil considérait comme valables. (M. Bonjean.)

[4] *Leges annuæ.*

[5] *Edictum perpetuum, vel Edictum domini Hadriani.*

parallèles et souvent contradictoires : — l'une empreinte d'une sauvage rudesse, ayant pour fondement la Loi des XII Tables, qui fut, à toutes les époques, entourée d'une sorte de respect superstitieux, et dont Cicéron [1] et Tacite [2] ont fait un si magnifique éloge ; — l'autre, secondaire, subordonnée, mais plus en harmonie avec les mœurs nouvelles de la population Romaine et presque généralement suivie dans la pratique.

Cette dualité singulière, cet antagonisme perpétuel, mal compris peut-être aujourd'hui par les esprits inattentifs, forme l'un des caractères les plus remarquables de cette Législation qui conserve encore, de nos jours, une si imposante autorité.

On en retrouve les traces dans l'organisation judiciaire de la vieille Angleterre et du Portugal [3] ;

---

[1] *Fremant omnes licet, dicam quod sentio : bibliothecas mehercule omnium philosophorum unus mihi videtur XII Tabularum libellus, si quis legum fontes et capita viderit et auctoritatis pondere et utilitatis ubertate superare.*

[2] Tacite affirme, mais ce jugement nous paraît empreint d'une évidente partialité, que les Douze-Tables furent le dernier Droit impartial à Rome : *finis æqui juris.*

[3] Les *Cours d'équité* de la Chancellerie et de l'Echiquier, les *Cours de conscience* de la cité de Londres et des grands centres commerciaux de la Grande-Bretagne, les *Conseils*

— mais la Législation Française n'offre rien de semblable. L'institution Prétorienne n'eût jamais été acceptée par nos mœurs; l'arbitraire leur est antipathique. C'est par la Loi que nos droits et nos intérêts civils veulent être réglés. L'office du Juge consiste, non à juger la Loi, mais suivant la Loi : « *Non licet Judicibus de Legibus judicare, sed secundùm ipsas* [1]. » Et si quelquefois la Loi paraît rigoureuse, le Magistrat ne doit point oublier cette profonde parole de Domat, le premier des moralistes parmi nos Jurisconsultes : *La rigueur du droit a aussi son équité;* — il doit également se souvenir de cet ancien proverbe de nos Pères : *Dieu nous garde de l'équité du Parlement* [2].

Tels étaient les principes de M. Viger; à cette équité arbitraire « dont la commode flexibilité

de conscience institués en Portugal par le roi Jean III, furent, en effet, investis d'un pouvoir véritablement discrétionnaire, qui, dans certaines matières civiles et commerciales, s'élevait au-dessus de la Loi et autorisait ces Corps judiciaires, comme le Préteur à Rome, à substituer l'équité du Juge aux prescriptions les plus impératives de la Loi.

[1] Saint Augustin.
[2] Charondas.

» reçoit aisément toutes les impressions de la vo-
» lonté du Magistrat [1] », il préférait l'équité du
Législateur, la formule vivante du droit, la Loi ;
il avait les regards constamment fixés sur elle, et
jamais on ne le vit en éluder l'application, ou
s'efforcer de ramener la cause à un point de fait,
pour mettre, ainsi, son sentiment personnel à la
place de la volonté du Législateur.

VI. Si la Loi invoquée dans la discussion avait
antérieurement donné lieu à des controverses, il
cherchait bien moins sa règle d'interprétation,
dans les appréciations des commentateurs, que
dans la Jurisprudence de la Cour Suprême.

Rien ne saurait donner une plus haute idée du
mérite éminent des Membres de la Cour de cassation, et du soin scrupuleux qu'ils apportent à
l'accomplissement de leurs devoirs, que le respect
profond que professent pour les décisions de ce
docte Aréopage, les Magistrats qui ont vécu dans
son sein et participé à ses travaux.

M. VIGER était si profondément convaincu de

[1] D'Aguesseau.

l'importance du grand principe de l'uniformité de la Jurisprudence et de la sagesse habituelle des décisions de la Cour régulatrice, qu'il ne lui arrivait que dans de bien rares circonstances, de se mettre en opposition avec la doctrine consacrée par ses arrêts. L'on a pu même remarquer qu'il ne prenait jamais une telle détermination, sans s'être enquis du nom du Rapporteur; il était des noms devant lesquels il s'inclinait, et l'opinion du Rapporteur paraissait, quelquefois, avoir presque autant d'autorité, sur son esprit, que l'arrêt lui-même.

VII. Mais la délibération est terminée; il ne reste plus qu'à faire connaître la solution, qui souvent est attendue avec tant d'anxiété. C'est à cette redoutable épreuve qu'apparaissait, dans toute sa supériorité, la puissance intellectuelle de M. VIGER. Ses arrêts n'étaient jamais écrits; quelques notes, qu'il consultait à peine d'un rapide regard, étaient seulement sous ses yeux. Et cependant quelle netteté de parole! Quelle concision dans ses formules! Quelle certitude dans ses affirmations doctrinales! — Souvent des moyens jusque-là inaperçus se présentaient soudainement à son esprit, et ils trouvaient aussitôt place dans les motifs de l'arrêt. Son regard brillait alors d'un éclat singulier ; sa diction devenait plus ferme et plus accentuée ; une conviction profonde s'y manifestait avec une irrésistible autorité. La langue du droit, qu'il parlait avec une si merveilleuse facilité, prenait, dans sa bouche, une expression et une vigueur inaccoutumées, et il atteignait presque à une véritable éloquence.

Les arrêts improvisés par M. VIGER étaient complets et irréprochables. Le style en était lucide et correct, la forme dogmatique et sentencieuse, les déductions fermes et logiques. M. VIGER se montrait, dans ses formules, sobre de faits et de raisonnements [1] ; ses arrêts présentaient toujours le caractère essentiel des décisions judiciaires : ils étaient moins une démonstration qu'une affirmation. Le Magistrat, du haut de son siége, ne démontre pas le droit, il le dit : — *jus dicit.*

Une mémoire exceptionnelle lui rendait facile

[1] Il paraissait avoir adopté pour règle ces paroles de Cicéron : *Mihi non tàm copia, quàm modus in dicendo quærendus est. (Pro lege Maniliá)*

cette tâche, si périlleuse pour tant d'autres : *Erat memoria summa, nulla meditationis suspicio* [1].

Il possédait aussi, à un degré remarquable, la faculté d'accomplir intellectuellement des rapprochements et des combinaisons de nombres. Lorsque l'avocat énonçait, en plaidant, des sommes dont il importait de connaître à l'instant le produit, il l'indiquait lui-même, à demi-voix, avec la plus rigoureuse exactitude, et en opérant par la seule puissance de la pensée.

VIII. Ajoutons que M. Viger, si sévère à l'audience, si inflexible pour tout ce qui se rattachait à la régularité du service, à l'ordre et à la solennité des débats judiciaires, était bon et affectueux dans les relations de la vie privée. — Son attitude officielle, un peu étudiée peut-être, était grave, froide et réservée ; — mais le Magistrat laborieux trouvait toujours en lui un guide et un appui, et ce n'était jamais en vain qu'il faisait appel à sa bienveillance, ou qu'il recourait à sa juridiction grâcieuse.

Son administration ne ressemblait point à ces mécanismes compliqués, qui ne se meuvent qu'a-

[1] Cicer. — *Bruto.*

vec effort et en surmontant incessamment des difficultés toujours renaissantes. — Sous son intelli-
gente direction, tout était facile, exempt d'embarras,
et chacun paraissait accomplir sa tâche sous la seule
inspiration de sa conscience, sans que, dans au-
cune circonstance, le joug de son autorité, si res-
pectée, se fît péniblement sentir.

IX. Cependant, au milieu des calmes occupations
de son existence judiciaire, M. Viger poursuivait
de ses vœux ardents les agitations de la vie politique et les périlleux honneurs de la représentation
nationale.

En 1842, il fut élu membre de la Chambre des
Députés par l'arrondissement de Lodève, dont il
resta le fidèle représentant jusques au mois de
février 1848.

Nous ne suivrons pas M. Viger dans cette voie
devenue, pour lui, si fatale. En entrant dans
l'enceinte législative, il cesse de nous appartenir :
c'est du Magistrat seulement que nous voulons
parler.

Mais ce qu'il doit nous être permis d'exprimer,
c'est que, dans cette phase nouvelle de son exis-

tence, jamais les préoccupations de la politique ne vinrent troubler sa froide raison, ou altérer la sérénité de sa conscience. Il fut, sur son siége, ce qu'il avait toujours été, le modèle des Magistrats, autant par sa science que par son intégrité.

X. M. VIGER paraissait surtout dominé par le sentiment de la dignité de la Magistrature et de la haute fonction dont il était revêtu. — A ses yeux, le Prétoire était un temple, la Justice une religion et un culte, et la Magistrature un sacerdoce qui élève l'âme à une sphère inaccessible à toutes les sollicitations de l'intérêt personnel, à toutes les passions qui s'agitent autour du sanctuaire des Lois et n'en doivent jamais franchir le seuil.

Lorsque le décret du 19 avril 1848 vint le frapper si cruellement, et atteignit, en sa personne, la Magistrature tout entière, il n'eut pas même la pensée de réclamer ou de se plaindre ; la dignité de son caractère et de ses fonctions ne comportait, devant un tel acte, ni plainte, ni réclamation.

Ce fut en vain qu'un Ministre, autrefois son adversaire politique, voulut le rendre à la Magis—

trature, en le rappelant à la Cour de cassation [1];
— M. Viger refusa cette satisfaction incomplète;
— il se retira et attendit.

Les sympathies et les regrets de ses Collègues l'accompagnèrent dans sa retraite; — le Barreau et les justiciables ne cessèrent de hâter de leurs vœux l'heure de son retour. — Mais l'heure de la réparation ne devait pas sonner pour lui [2]; un funeste accident brisa prématurément cette existence, si pleine encore et de sève et d'avenir.

Sur son lit de douleur, et lorsqu'une lueur d'intelligence venait illuminer passagèrement son regard et ses traits, sur lesquels la mort avait déjà marqué son empreinte, la pensée du mourant se reportait avec sollicitude sur la Magistrature, sur la mesure qui l'avait atteint, sur la résistance qu'il avait opposée à tout projet de transaction avec ses convictions et ses principes.

[1] Discours prononcé par M. le Procureur-général Sénéca, à l'audience de rentrée de la Cour de Montpellier du 10 novembre 1849.

[2] La mort de M. Viger précéda de quelques jours à peine le décret du 10 août 1849, qui leva les suspensions prononcées, par le Gouvernement Provisoire, contre divers Magistrats de l'Ordre judiciaire.

Ses dernières paroles attestent que la dignité du Magistrat était encore sa constante préoccupation à ce moment suprême, où l'âme se détache des intérêts de ce monde, pour se reporter tout entière vers Dieu.

« La Cour de cassation, — l'entendit-on mur-
» murer péniblement et avec effort, — non........
» C'était contraire à ma dignité...... J'aurais, par
» là, sanctionné la violation d'un grand prin-
» cipe..... l'inamovibilité..... » Il ne put achever, et sa voix défaillante, dont il cherchait en vain à ranimer les accents, s'arrêta et s'éteignit pour toujours.

XI. La dépouille mortelle de M. Viger fut bénite à Montpellier, et, après avoir reçu les honneurs qui lui étaient dus, elle fut transportée dans la cité même qui l'avait vu naître.

La Cour d'appel l'accompagna jusqu'à sa dernière demeure. Elle devait ce public témoignage d'affection et de respect à celui qui, placé à sa tête, avait pris une si grande part à ses travaux et contribué à porter si haut l'autorité de sa Jurisprudence. — Plus tard, et dans une solennelle

circonstance, une voix éloquente se rendit l'inter-
prète de sa douleur et de ses regrets [1].

Nous venons, à notre tour, payer à ce grand
Magistrat le tribut de notre reconnaissance et de
notre admiration. Nous avons voulu, en différant,
jusqu'à ce jour, l'accomplissement de ce pieux
devoir, que le moment d'une complète impartialité
fût arrivé pour M. VIGER. — Aujourd'hui, l'effer-
vescence des passions politiques est apaisée; le
calme a succédé à l'irritation; le découragement à
la violence; les ressentiments personnels sont
éteints; les récriminations ardentes ont cessé; les
adulations intéressées seraient maintenant et sans
cause et sans but; — c'est l'heure de la justice et
de la vérité, et, en prenant la parole pour rendre
un dernier hommage à celui qui n'est plus, c'est
à la vérité seule que nous avons demandé nos
inspirations.

[1] Discours de rentrée déjà cité à la page 32.